BEI GRIN MACHT SICH IHR WISSEN BEZAHLT

AF136457

- Wir veröffentlichen Ihre Hausarbeit, Bachelor- und Masterarbeit

- Ihr eigenes eBook und Buch - weltweit in allen wichtigen Shops

- Verdienen Sie an jedem Verkauf

Jetzt bei www.GRIN.com hochladen und kostenlos publizieren

Der Einfluss von SaaS auf Geschäftsmodelle am Beispiel einer Werbeagentur

Bibliografische Information der Deutschen Nationalbibliothek:

Die Deutsche Nationalbibliothek verzeichnet diese Publikation in der Deutschen Nationalbibliografie; detaillierte bibliografische Daten sind im Internet über http://dnb.d-nb.de abrufbar.

ISBN: 9783346896759
Dieses Buch ist auch als E-Book erhältlich.

© GRIN Publishing GmbH
Trappentreustraße 1
80339 München

Druck und Bindung: Books on Demand GmbH, Norderstedt Germany
Gedruckt auf säurefreiem Papier aus verantwortungsvollen Quellen

Das Buch bei GRIN: https://www.grin.com/document/1367318

Hausarbeit

Alternative B – Der Einfluss von SaaS auf Geschäftsmodelle am Beispiel einer Werbeagentur

SRH Fernhochschule

Modul:
Theorie-Praxis-Transfer (WIN)

Studiengang:
Wirtschaftsinformatik B.Sc.

Inhaltsverzeichnis

Abkürzungsverzeichnis

AJAX	Asynchronous JavaScript and XML
BDSG	Bundesdatenschutzgesetz
CMS	Content Management System
CRM	Customer Relationship Management
DSGVO	Datenschutzgrundverordnung
ERP	Enterprise Resource Planning
IaaS	Infrastructure as a Service
IT	Informationstechnologie
KMU	Kleine und mittlere Unternehmen
NIST	National Institute of Standards and Technology
PaaS	Platform as a Service
PC	Personal Computer
SaaS	Software as a Service
SDDC	Software Defined Datacenter
SEO	Search Engine Optimization
SLA	Service Level Agreement

Abbildungsverzeichnis

5

Tabellenverzeichnis

1   Einleitung

Die zunehmende Digitalisierung führt nicht nur zu gesellschaftlichen, sondern auch weit-reichenden ökonomischen Veränderungen,[1] weshalb Unternehmen mehr denn je ge-zwungen sind, sich mit neuen Trends und Entwicklungen im Bereich der Informations-technologie (IT) auseinanderzusetzen.[2] Dies wird umso deutlicher, wenn man bedenkt, dass heute kein Geschäftsprozess mehr ohne IT auskommt.[3] Auf der anderen Seite müssen sowohl Daten und Prozesse als auch die Kommunikation durchwegs orts- und zeitunabhängig verfügbar sein.[4] Faktoren wie Agilität und Anpassungsfähigkeit werden zunehmend zu (den) zentralen Erfolgsfaktoren von Unternehmen und insbesondere auch der Unternehmens-IT.[5] Als wesentlicher Treiber der Digitalisierung gilt in diesem Zusammenhang das sogenannte Cloud Computing.[6] Die damit verbundene Virtualisie-rung von Hard- und Software bietet entscheidende Vorteile hinsichtlich Ressourcen-effizienz, Flexibilität, Zuverlässigkeit und Verfügbarkeit auf der einen sowie Kostenein-sparungen auf der anderen Seite.[7] Auf diese Weise gewährleistet Cloud Computing einen „hochflexiblen Zugriff auf Anwendungen und Daten zu vernünftigen finanziellen Konditionen".[8]

1.1   Einführung in das übergreifende Konzept des Cloud Computing

Cloud Computing wird in Anlehnung an die US-amerikanische Standardisierungsstelle National Institute of Standards and Technology (NIST) als Modell definiert, „das es er-laubt bei Bedarf, jederzeit und überall bequem über ein Netz auf einen geteilten Pool von konfigurierbaren Rechnerressourcen (z. B. Netze, Server, Speichersysteme, Anwen-dungen und Dienste) zuzugreifen, die schnell und mit minimalem Managementaufwand oder geringer Serviceprovider-Interaktion zur Verfügung gestellt werden können."[9] Anders ausgedrückt bezeichnet es „das dynamisch an den Bedarf angepasste Anbieten, Nutzen und Abrechnen von IT-Dienstleistungen über ein Netz", wobei die angebotenen Dienstleistungen das gesamte Spektrum der IT von der Infrastruktur über Plattformen bis zur Software umfassen.[10] IT wird somit nicht nur schnell und flexibel verfügbar,

---

[1] Vgl. *Frank* et al. (2019), S. 15
[2] Vgl. *Barton* (2020), S. 27
[3] Vgl. *Abolhassan* (2016a), S. 18
[4] Vgl. *Hentschel/Leyh* (2018), S. 18
[5] Vgl. *Châlons/Dufft* (2016), S. 31
[6] Vgl. *Barton* (2020), S. 37–38
[7] Vgl. *Hentschel/Leyh* (2018), S. 12; *Mertens* et al. (2017), S. 25
[8] *Châlons/Dufft* (2016), S. 28
[9] *Barton* (2020), S. 28
[10] *Bundesamt für Sicherheit in der Informationstechnik* (o. J.)

sondern erfordert auch kaum Vorabinvestitionen.[11] Daneben ermöglicht die Transformation der klassischen zur cloudbasierten IT auch hinsichtlich der Betriebs- und Skalierungskosten enorme Einspar- und Optimierungspotenziale.[12] Die Abrechnung erfolgt dabei zumeist über in Form eines Abonnements zu entrichtende Nutzungsgebühren.[13]

Cloud Computing Dienste werden in diesem Zusammenhang grundsätzlich in verschiedene Servicemodelle unterschieden, die sich durch ihre Abstraktion von der darunterliegenden Infrastruktur unterscheiden.[14] Infrastructure as a Service (IaaS) stellt als unterste Ebene auf virtuellen Servern betriebene Services in Form von Rechenkapazität, Speicherplatz und Netzwerkinfrastruktur bereit.[15] Es handelt sich somit um ein „virtuelles Rechenzentrum mit Rechenleistung, Speicher und Netzwerken",[16] das die bisher unternehmenseigene Hardware virtualisiert.[17] Platform as a Service (PaaS) liefert als mittlere Ebene eine Software-Plattform für die Entwicklung, das Testen, den Betrieb und das Verwalten individueller Anwendungen in Form von vorkonfigurierten Laufzeitumgebungen.[18] Im Gegensatz zu IaaS hat der Nutzer bei PaaS keinen Einfluss mehr auf die zugrundeliegende Infrastruktur wie z.B. das Betriebssystem.[19] Software as a Service (SaaS) stellt schließlich als oberste Ebene komplette Anwendungsprogramme betriebsbereit zur Verfügung.[20] Der Zugriff auf SaaS-Anwendungen erfolgt in der Regel über einen Webbrowser, womit die lokale Installation der Software entfällt.[21] Der Nutzer hat dabei über die Infrastruktur hinaus auch keine Kontrolle mehr über die Anwendungen selbst.[22] Abbildung 1 zeigt die Verantwortlichkeiten für die einzelnen Komponenten innerhalb der verschiedenen Servicemodelle nochmals in der Übersicht, wobei Ebene 1 für die unterste, Ebene 2 für die mittlere und Ebene 3 für die oberste Ebene steht.

[11] Vgl. *Barton* (2020), S. 29
[12] Vgl. *Frank* et al. (2019), S. 85
[13] Vgl. *Brassel/Gadatsch* (2018), S. 23
[14] Vgl. *Farwick* et al. (2020), S. 316; *Leimeister* (2021), S. 100; *Lindner* et al. (2020), S. 8
[15] Vgl. *Barton* (2020), S. 30; *Farwick* et al. (2020), S. 312; *Mertens* et al. (2017), S. 24
[16] *Lindner* et al. (2020), S. 10
[17] Vgl. *Frank* et al. (2019), S. 155
[18] Vgl. *Barton* (2020), S. 30; *Farwick* et al. (2020), S. 312, 318; *Mertens* et al. (2017), S. 24
[19] Vgl. *Farwick* et al. (2020), S. 318
[20] Vgl. *Barton* (2020), S. 29; *Mertens* et al. (2017), S. 24
[21] Vgl. *Leimeister* (2021), S. 101; *Sommerville* (2018), S. 577
[22] Vgl. *Hentschel/Leyh* (2018), S. 11; *Mertens* et al. (2017), S. 24–25

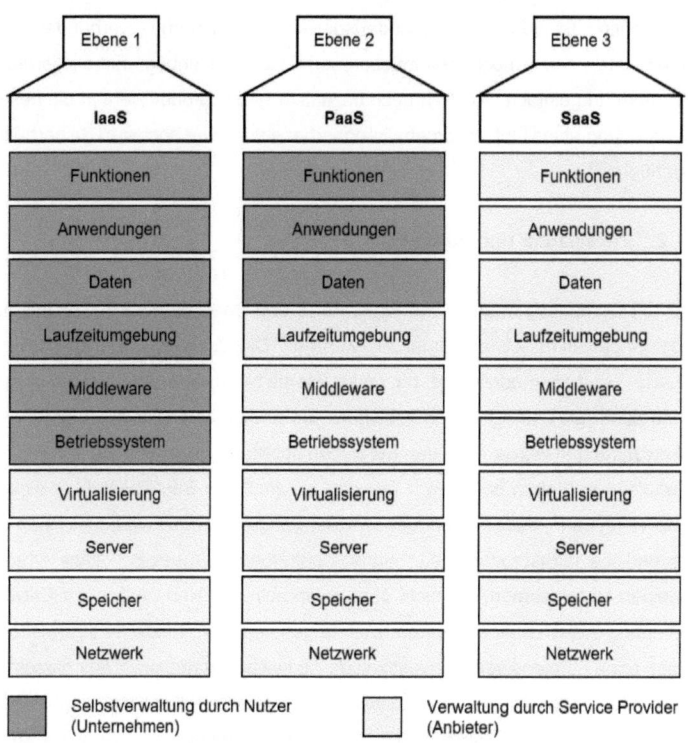

Abbildung 1:   Die zentralen Servicemodelle des Cloud Computings.
(Quelle: Eigene Darstellung in Anlehnung an Farwick et al. (2020), S. 317)

Für die Bereitstellung von Cloud Computing gibt es grundsätzlich zwei Möglichkeiten: Die von einem externen Anbieter zur Verfügung gestellte und von mehreren Institutionen genutzte Public Cloud sowie die für ein einzelnes Unternehmen exklusiv betriebene und entsprechend zugangsbeschränkte Private Cloud.[23] Mit der Hybrid Cloud hat sich in der Praxis zudem eine Mischform etabliert, die sowohl Cloud-Dienste in der Public Cloud als auch Services in der Private Cloud umfasst. So können auf der einen Seite die Vorteile der Public Cloud in Form von niedrigeren Kosten und hoher Skalierbarkeit genutzt und auf der anderen Seite unternehmenskritische Daten in der Private Cloud stärker kontrolliert werden.[24] Der „Agilität, Skalierbarkeit, Flexibilität, Einfachheit und Schnelligkeit" von Cloud Computing Lösungen stehen demnach hohe Anforderungen an Zuverlässigkeit, Sicherheit und Datenschutz gegenüber.[25] Untrennbar mit dem Einsatz von Cloud

---

[23] Vgl. *Barton* (2020), S. 31; *Leimeister* (2021), S. 102
[24] Vgl. *Farwick* et al. (2020), S. 319, 321; *Leimeister* (2021), S. 102–103
[25] *Châlons/Dufft* (2016), S. 32

Computing ist deshalb eine bedarfsgerechte IT-Sicherheit verbunden.[26] Erfolgreich eingesetzte Cloud-Lösungen müssen somit nicht nur unbegrenzt skalierbar, hoch performant und einfach, sondern auch bezahlbar und kosteneffizient in die bestehende IT-Umgebung eines Unternehmens integrierbar sein sowie höchsten Sicherheitsstandards genügen.[27]

1.2 Zielsetzung und Aufbau

Cloud Computing Modelle wie IaaS, PaaS und SaaS werden in Zukunft zu zentralen Bestandteilen der Unternehmens-IT werden.[28] Die Cloud gilt dabei als „Basis für digitalisierte Geschäftsmodelle und -prozesse, wie sie Unternehmen in Zukunft prägen werden" und damit als „Rückgrat und Intelligenz der gesamten Digitalisierung".[29] Insbesondere Anwendungen werden in vielen Bereichen bereits überwiegend als SaaS-Lösungen von externen Anbietern bezogen.[30] Der große Vorteil von SaaS besteht in diesem Zusammenhang darin, dass Anwendungen vollumfänglich genutzt werden können ohne die erforderliche Infrastruktur oder Plattform betreiben zu müssen.[31] Dies ermöglicht auch kleinen Unternehmen, die nicht über entsprechende Kapazitäten zur Entwicklung und Wartung individueller Softwareanwendungen verfügen, moderne Informationstechnologien ohne nennenswertes Investitionsrisiko flexibel zu nutzen.[32] Aus diesem Grund wird der Fokus in der vorliegenden Arbeit auf das SaaS-Modell und die damit einhergehenden Veränderungen bzw. Nutzenpotenziale für Unternehmen, die SaaS als Kunde nutzen, gelegt. Auf die Cloud Computing Modelle PaaS und IaaS wird dagegen nicht näher eingegangen, da diese in der Regel nur für große Unternehmen interessant sind.[33] Ebenfalls nicht näher erläutert werden die Veränderungen, die sich auf Anbieterseite durch das Bereitstellen von SaaS-Angeboten ergeben.

Um nun die Bedeutung des Einsatzes von SaaS für Unternehmen aus der Kunden- bzw. Nutzerperspektive zu untersuchen, erfolgt zunächst eine ausführliche Erläuterung der theoretischen Grundlagen von SaaS. Diese umfassen neben den mit der Einführung von SaaS verbundenen Vor- und Nachteilen aus Sicht des Kunden bzw. Nutzers auch potenzielle daraus resultierende Veränderungen bezüglich des Geschäftsmodells. Zusätzlich wird der Einfluss von SaaS auf Unternehmen bzw. deren Geschäftsmodelle anhand

---

[26] Vgl. *Strecker/Kellermann* (2016), S. 84
[27] Vgl. *Abolhassan* (2016a), S. 22, (2016b), S. 151
[28] Vgl. *Abolhassan* (2016a), S. 21
[29] *Abolhassan* (2016a), S. 15
[30] Vgl. *Farwick* et al. (2020), S. 311; *Leimeister* (2021), S. 229
[31] Vgl. *Kratzke* (2022), S. 16
[32] Vgl. *Barton* (2020), S. 34; *Kratzke* (2022), S. 16
[33] Vgl. *Barton* (2020), S. 34

empirischer Ergebnisse veranschaulicht. Im Sinne eines Theorie-Praxis-Transfers erfolgt darauf aufbauend eine Untersuchung des Nutzenpotenzials von SaaS am Beispiel eines konkreten Unternehmens, im vorliegenden Fall einer Werbeagentur. Abschließend wird die Betrachtung einer kritischen Reflexion unterzogen und Konsequenzen für die Praxis erörtert.

2 Die Bedeutung des Einsatzes von SaaS für Unternehmen

SaaS bietet vor dem Hintergrund eines dynamischen Unternehmensumfelds mit steigendem Konkurrenz- und Kostendruck eine attraktive Alternative zu klassischen, sogenannten On Premise Software-Lösungen,[34] indem einerseits die Kosten für die eingesetzte Software signifikant gesenkt und andererseits der Einsatz von IT-Lösungen flexibler gestaltet werden kann.[35] In der Folge hat sich die Nutzung von SaaS, wie bereits in Kapitel 1.2 angedeutet, in vielen Bereichen bereits zum Standard entwickelt.[36] Dies zeigt sich auch bei der Betrachtung des weltweiten Umsatzes mit Cloud Computing. Dieser betrug im Jahr 2021 rund 412,6 Milliarden US-Dollar, wovon rund 146,3 Milliarden US-Dollar, d.h. über ein Drittel, allein auf den Bereich SaaS entfielen.[37] Auch wenn davon wiederum nur 8,1 Milliarden Euro, was umgerechnet knapp 9,6 Milliarden US-Dollar entspricht, auf Deutschland entfallen, ist auch hier ein deutlicher Trend zugunsten des Einsatzes von SaaS erkennbar. So hat sich der Umsatz mit SaaS in Deutschland zwischen 2016 und 2022 nahezu verfünffacht und lag im Jahr 2022 bereits bei 10 Milliarden Euro. Bis zum Jahr 2027 wird eine weitere Umsatzsteigerung um knapp 80 Prozent gegenüber dem Jahr 2022 auf dann 17,98 Milliarden Euro erwartet.[38]

2.1 Theoretische Grundlagen des SaaS-Konzepts

SaaS stellt Unternehmen bzw. Nutzern vollständige Anwendungsprogramme bzw. Softwarepakete betriebsbereit zur Verfügung,[39] wobei der Zugriff in der Regel orts- und geräteunabhängig über einen Webbrowser erfolgt. Die lokale Installation der Software entfällt damit.[40] Gleichzeitig übernimmt der SaaS-Anbieter die gesamte Administration und Wartung sowie den Betrieb der Software.[41] Darüber hinaus hat er die Verfügbarkeit und Sicherheit der bereitgestellten Anwendungsprogramme gemäß der im Service Level

---

[34] Vgl. *Farwick* et al. (2020), S. 318
[35] Vgl. *Könsgen/Schaarschmidt* (2018), S. 31
[36] Vgl. *Leimeister* (2021), S. 229
[37] Vgl. *Statista Research Department* (2022)
[38] Vgl. *Statista GmbH* (2022)
[39] Vgl. *Barton* (2020), S. 29; *Farwick* et al. (2020), S. 312; *Mertens* et al. (2017), S. 24
[40] Vgl. *Hentschel/Leyh* (2018), S. 11; *Leimeister* (2021), S. 262
[41] Vgl. *Leimeister* (2021), S. 101

Agreement (SLA) beschriebenen Vereinbarungen zu gewährleisten.[42] Die Abrechnung von SaaS-Anwendungen erfolgt periodisch in Form eines Abonnements, d.h. die Kunden entrichten eine zumeist monatlich oder jährlich zu bezahlende Gebühr für die Nutzung der Software an den Anbieter.[43] In der Regel wird hierzu nach dem sogenannten Pay-as-you-go- oder auch Pay-per-Use-Modell verfahren, bei dem der Anwender nur für tatsächlich genutzte bzw. angeforderte Ressourcen bezahlt.[44] Die genauen Kosten sind demnach vom gewählten Nutzungsumfang abhängig.[45] Anstelle der Lizenzgebühren klassischer, auf einzelnen Endgeräten fest installierter und in Eigenverantwortung betriebener und genutzter On Premise Software-Anwendungen, fallen bei der Nutzung von SaaS also Gebühren für die Nutzung der Software an. Diese beinhalten jedoch bereits sowohl Software-Updates als auch Kosten für eventuelle Weiterentwicklungen.[46]

Sinnvoll ist der Einsatz von SaaS grundsätzlich vor allem in Bereichen, in denen Standardsoftware eingesetzt wird.[47] Dementsprechend weit verbreitet ist der Ersatz unternehmenseigener bzw. lokaler Anwendungen bei E-Mail-Diensten, Bürosoftware und Customer Relationship Management (CRM) Systemen, bei denen zunehmend SaaS-Lösungen wie Microsoft 365 oder Salesforce zum Einsatz kommen.[48] Weitere bekannte Beispiele für SaaS sind Cloud-Speicherdienste wie Dropbox oder OneDrive, Enterprise Resource Planning (ERP) Systeme wie SAP S/4HANA oder Bildbearbeitungs- und Layout-Programme wie Adobe Creative Cloud.[49] Da sich SaaS-Lösungen im Normalfall an offenen Standards orientieren, sind diese zumeist leicht in die bestehende Unternehmens-IT integrierbar.[50] Gleichzeitig können sie vom Anwender nahezu ohne jegliches IT-bezogenes Fachwissen genutzt werden.[51] Neue Technologien wie beispielsweise Asynchronous JavaScript and XML (AJAX) und HTML5 erlauben zudem häufig eine nahezu desktopartige Nutzung von SaaS-Anwendungen.[52]

[42] Vgl. *Heininger* et al. (2022), S. 152
[43] Vgl. *Barton* (2020), S. 30
[44] Vgl. *Hentschel/Leyh* (2018), S. 11; *Kratzke* (2022), S. 16
[45] Vgl. *Barton* (2020), S. 29–30
[46] Vgl. *Könsgen/Schaarschmidt* (2018), S. 33
[47] Vgl. *Hentschel/Leyh* (2018), S. 11; *Lindner* et al. (2020), S. 36
[48] Vgl. *Farwick* et al. (2020), S. 331; *Frank* et al. (2019), S. 234
[49] Vgl. *Brassel/Gadatsch* (2018), S. 23; *Hentschel/Leyh* (2018), S. 14; *Leimeister* (2021), S. 101
[50] Vgl. *Châlons/Dufft* (2016), S. 31
[51] Vgl. *Farwick* et al. (2020), S. 318; *Frank* et al. (2019), S. 265
[52] Vgl. *Hentschel/Leyh* (2018), S. 11

2.2 Vor- und Nachteile von SaaS aus Kunden- bzw. Nutzersicht

Zumeist wird die „Entscheidung für eine Cloud-Lösung aufseiten der Unternehmen (…) maßgeblich durch den Faktor Kostenoptimierung bestimmt".[53] Dies gilt insbesondere auch für das SaaS-Modell. So sind mit dem Einsatz von SaaS-Lösungen, verglichen mit klassischen Software-Lösungen, sowohl deutlich niedrigere Investitionskosten und eine verringerte Kapitalbindung als auch niedrigere Betriebs- und Wartungskosten verbunden.[54] Durch den Wegfall von Vorabinvestitionen wird zudem das Investitionsrisiko auf Kundenseite maßgeblich gesenkt. Dieses verbleibt nahezu vollständig beim Anbieter, da dieser zum einen die gesamte benötigte Infrastruktur bereitstellen und zum anderen die ständige Verfügbarkeit der Anwendung gewährleisten muss.[55] Da der Anbieter der eingesetzten SaaS-Lösung neben dem Betrieb auch die gesamte Administration, Pflege und Wartung übernimmt,[56] spart sich das Unternehmen, das die Software in Form von SaaS nutzt, nicht nur Kosten, sondern auch Aufwand.[57] In der Folge werden weniger qualifizierte Mitarbeiter für die Bereitstellung, den Betrieb und die Wartung der Anwendungen bzw. Softwarepakete benötigt, was zum einen zu einer weiteren Kostensenkung führt,[58] Unternehmen zum anderen aber auch eine stärkere Konzentration auf ihre Kernkompetenzen ermöglicht.[59] Gleichzeitig werden diesbezüglich keine eigenen IT-Ressourcen mehr vom Unternehmen benötigt.[60] Die Senkung der Kosten gewinnt vor dem Hintergrund, dass viele SaaS-Anwendungen dadurch, dass sie von sehr vielen Unternehmen eingesetzt werden, inzwischen „zu Massenware geworden" sind und kaum mehr „dazu beitragen, sich von Wettbewerbern abzuheben", zusätzlich an Bedeutung.[61] Außerdem trägt die Abrechnung in Abhängigkeit vom Nutzungsumfang bzw. der Anzahl an Nutzern sowohl zur Kostentransparenz als auch einem geringeren Ressourcenverbrauch bei.[62] Die Flexibilität bezüglich der Ressourcennutzung kann wiederum durch die bedarfsgerechte Skalierung der SaaS-Anwendungen gewährleistet werden.[63] Weitreichende Flexibilität besteht, im Gegensatz zu klassischen Software-Lösungen, zudem durch den orts- und geräteunabhängigen Zugriff über einen Webbrowser. Unternehmen bzw. deren Mitarbeiter können demnach von beliebigen Standorten und Endgeräten auf die entsprechenden Anwendungen zugreifen, was sowohl mobiles Arbeiten als auch

---

[53] *Strecker/Kellermann* (2016), S. 85
[54] Vgl. *Hentschel/Leyh* (2018), S. 16
[55] Vgl. *Leimeister* (2021), S. 262; *Mertens* et al. (2017), S. 25
[56] Vgl. *Leimeister* (2021), S. 101
[57] Vgl. *Hentschel/Leyh* (2018), S. 16; *Lindner* et al. (2020), S. 36
[58] Vgl. *Frank* et al. (2019), S. 111
[59] Vgl. *Könsgen/Schaarschmidt* (2018), S. 32–33
[60] Vgl. *Frank* et al. (2019), S. 234
[61] *Kratzke* (2022), S. 16
[62] Vgl. *Lindner* et al. (2020), S. 33; *Teague* (2016), S. 95
[63] Vgl. *Könsgen/Schaarschmidt* (2018), S. 33; *Mertens* et al. (2017), S. 25

eine effiziente verteilte Zusammenarbeit ermöglicht.[64] Voraussetzung hierfür ist lediglich eine stabile und schnelle Internetverbindung.[65] Insbesondere in einer Public Cloud bereitgestellte SaaS-Anwendungen bieten darauf aufbauend eine einfache Möglichkeit, beliebige Daten direkt mit externen Partnern oder auch Kunden zu teilen. Von großem Vorteil ist in diesem Zusammenhang, dass für die Nutzung von SaaS-Anwendungen nahezu kein IT-Fachwissen mehr benötigt wird.[66] Zudem steht allen Mitarbeitern stets die aktuellste Softwareversion zur Verfügung,[67] da die Aktualität der Anwendung durch regelmäßig vom Anbieter durchgeführte Updates sichergestellt wird.[68] Dies garantiert einerseits die Kompatibilität sämtlicher Daten, da alle Mitarbeiter mit der gleichen Anwendungsversion arbeiten. Andererseits tragen die regelmäßigen Updates dazu bei, dass Sicherheitslücken, die durch die Nutzung veralteter Versionen entstehen können, vermieden werden.[69]

Trotzdem ist das wohl größte Problem beim Einsatz von SaaS-Lösungen die Datensicherheit.[70] Denn auch wenn die meisten SaaS-Anbieter umfassende Sicherheitskonzepte mitbringen, hat der Kunde bzw. Nutzer keinerlei Kontrolle mehr über die zugrundeliegende Infrastruktur und den Umgang mit den mitunter sensiblen unternehmenseigenen Daten durch den Anbieter.[71] Umso wichtiger ist das Vertrauen in die Sicherheits- und Datenschutzkonzepte des SaaS-Anbieters.[72] Dies beinhaltet auch die Konformität der Anwendungen mit der Datenschutzgrundverordnung (DSGVO) sowie die bevorzugte Nutzung von Anwendungen, die auf in Deutschland betriebenen Rechenzentren gehostet werden.[73] Gleichzeitig muss „höchste Qualität im Sinne von Ausfallsicherheit" gewährleistet sein, da mögliche Systemausfälle und damit verbundener Datenverlust schnell zu Schäden in Milliardenhöhe führen können.[74] Dennoch ist der Einsatz klassischer, lokal installierter Software-Anwendungen nicht zwangsläufig mit einer höheren Sicherheit verbunden. Diese hängt vielmehr entscheidend von dem Ausmaß an IT-Sicherheitsmaßnahmen des Unternehmens ab. Werden die vom SaaS-Anbieter bereitgestellten Sicherheitsvorkehrungen und -services konsequent genutzt, können Unternehmen in der Rolle des Kunden bzw. Nutzers von SaaS „ein hohes Maß

---

[64] Vgl. *Lindner* et al. (2020), S. 16, 33, 36
[65] Vgl. *Leimeister* (2021), S. 106
[66] Vgl. *Frank* et al. (2019), S. 265
[67] Vgl. *Könsgen/Schaarschmidt* (2018), S. 34
[68] Vgl. *Lindner* et al. (2020), S. 33
[69] Vgl. *Mühleck* (2016), S. 131
[70] Vgl. *Könsgen/Schaarschmidt* (2018), S. 34
[71] Vgl. *Farwick* et al. (2020), S. 319; *Könsgen/Schaarschmidt* (2018), S. 33–34; *Mertens* et al. (2017), S. 24–25
[72] Vgl. *Barton* (2020), S. 34; *Hentschel/Leyh* (2018), S. 17
[73] Vgl. *Lindner* et al. (2020), S. 33; *Schweer/Sahl* (2016), S. 46
[74] *Abolhassan* (2016a), S. 23

an Sicherheit schneller und mit weniger Aufwand erzeugen, als ihnen dies in Eigenverantwortung möglich wäre".[75] Dennoch sollte auch beim Einsatz von SaaS auf eine leistungsstarke und bedarfsgerechte unternehmenseigene IT-Sicherheit geachtet werden.[76] Grundsätzlich bedeutet die Abhängigkeit vom Anbieter sowohl hinsichtlich Sicherheit und Datenschutz als auch in Bezug auf die Weiterentwicklung der Software einen gewissen Nachteil von SaaS im Vergleich zu unternehmenseigenen Anwendungen, der aber auch klassische, von externen Anbietern bezogene Software-Lösungen gilt.[77] Zudem sind die Einstellungs- und Anpassungsmöglichkeiten von SaaS für den Nutzer in der Regel stark eingeschränkt, da es sich zumeist um standardisierte Anwendungen handelt, die einer breiten Masse an Anwendern als fertige Softwarepakete zur Verfügung gestellt werden.[78] Aus diesem Grund eignet sich der Einsatz von SaaS in erster Linie für Standardanwendungen wie beispielsweise Bürosoftware.[79] Dennoch kann auch hier die mitunter mangelhafte Interoperabilität zwischen verschiedenen SaaS- bzw. Cloud-Diensten zu Problemen führen, die sich, wenn überhaupt, nur durch einen erhöhten Integrationsaufwand beheben lassen.[80]

Auf Basis der aufgezeigten Vor- und Nachteile von SaaS, die sich aus Sicht des Kunden bzw. Nutzers ergeben, lassen sich die in Tabelle 1 dargestellten Kriterien zur Beurteilung der Vorteilhaftigkeit von SaaS- gegenüber klassischen Software-Lösungen zusammenfassen. Die Bedeutung der einzelnen Faktoren kann sich dabei im Detail je nach Unternehmen und konkreter Anwendung unterscheiden.

[75] *Frank* et al. (2019), S. 119
[76] Vgl. *Abolhassan* (2016a), S. 23; *Strecker/Kellermann* (2016), S. 84
[77] Vgl. *Lindner* et al. (2020), S. 34; *Sommerville* (2018), S. 277–278
[78] Vgl. *Leimeister* (2021), S. 262
[79] Vgl. *Kratzke* (2022), S. 16; *Lindner* et al. (2020), S. 36
[80] Vgl. *Hentschel/Leyh* (2018), S. 17

15

Vor- und Nachteile von SaaS gegenüber klassischen Software-Lösungen	
Legende: ⊕ Vorteil von SaaS ⊖ Nachteil von SaaS	
Kosten und Risiko	**Flexibilität**
⊕ Niedrige Investitionskosten	⊕ Hohe Flexibilität durch bedarfs-gerechte Skalierbarkeit
⊕ Niedrigere Betriebs- und Wartungs-kosten	⊕ Orts- und geräteunabhängiger Zugriff
⊕ Geringe Kapitalbindung	⊕ Ermöglichung bzw. Förderung von mobilem und effizientem verteilten Arbeiten
⊕ Geringes Investitionsrisiko	⊕ Erleichterung des direkten Datenaustauschs mit Kunden und Partnern
Sicherheit und Kontrolle	⊕ Nutzungsabhängige Abrechnung
⊖ Eingeschränkter Einfluss auf die Datensicherheit	⊖ Abhängigkeit vom SaaS-Anbieter
⊖ Kaum Einfluss auf die Einhaltung des Datenschutzes durch den Anbieter	⊖ Gefahr mangelhafter Interoperabilität
⊖ Keine Hard- und Softwarekontrolle	**Einsatzbereich und Individualität**
Personal- und Ressourcenaufwand	⊖ Im Allgemeinen nur für Standardanwendungen geeignet
⊕ Geringer Verwaltungs-, Betriebs- und Wartungsaufwand	⊖ Begrenzte eigene Einstellungs- und Anpassungsmöglichkeiten
⊕ Geringerer Bedarf an spezialisierten IT-Mitarbeitern	**Aktualität und Kompatibilität**
⊕ Keine eigenen IT-Ressourcen erforderlich	⊕ Stete Aktualität der Anwendung durch automatische Updates
Nutzungsvoraussetzungen	⊕ Vermeidung von Sicherheitslücken und Dateninkompatibilität aufgrund veralteter Versionen
⊕ Kaum IT-Fachwissen erforderlich	**Strategische Aspekte**
⊖ Stabile und schnelle Internetverbindung erforderlich	⊕ Stärkere Konzentration auf Kernkompetenzen möglich

Tabelle 1:   Entscheidungskriterien für den Einsatz von SaaS-Lösungen.
 (Quelle: Eigene Darstellung)

Hinsichtlich ihrer Bedeutung im Hinblick auf die Entscheidung für oder gegen den Einsatz von SaaS-Lösungen sind die niedrigeren Kosten und die erhöhte Flexibilität auf der einen und die Bedenken hinsichtlich Datensicherheit und Datenschutz auf der anderen Seite am höchsten einzuschätzen.[81] Insbesondere im Zusammenhang mit Standardanwendungen, mit denen kaum Wettbewerbsvorteile erzielt werden können,[82] verwundert es daher nicht, dass klassische Software-Modelle zunehmend durch SaaS-Modelle abgelöst werden.[83]

2.3 Veränderung von Geschäftsmodellen durch den Einsatz von SaaS

Einer der größten Vorteile von SaaS besteht in der Möglichkeit, moderne Software-Lösungen flexibel und ohne Investitionsrisiko nutzen zu können. Umgekehrt erleichtert dies auch die schnelle und risikoarme Entwicklung neuer Geschäftsmodelle.[84] Ein Geschäftsmodell kann dabei allgemein als „Grundlogik eines Unternehmens, die beschreibt, welcher Nutzen auf welche Weise für Kunden und Partner gestiftet wird" und „wie der gestiftete Nutzen in Form von Umsätzen an das Unternehmen zurückfließt", bezeichnet werden.[85] Als digitales Geschäftsmodell gilt es dann, „wenn ein Unternehmen hauptsächlich Werte mittels digitaler Leistungen schafft und darüber Erlöse und Gewinn erzielt".[86] Das bedeutet umgekehrt, dass im Mittelpunkt solcher digitaler Geschäftsmodelle immer Software bzw. Software-Anwendungen stehen,[87] die damit wiederum zu einer der wichtigsten Ressourcen von Unternehmen werden.[88] Die Wettbewerbsvorteile eines Unternehmens ergeben sich darauf aufbauend durch die „Art und Weise, wie Software erstellt und eingesetzt wird".[89] In diesem Zusammenhang erweitern insbesondere Hersteller von Standardsoftware ihr Angebot zunehmend um SaaS-Lösungen.[90] Prominente Beispiele hierfür sind die Softwareanbieter Microsoft mit der Bürosoftware Microsoft 365 oder SAP mit seinem ERP-System SAP S/4HANA, die bereits den Großteil ihrer Produkte in Form von SaaS vertreiben.[91] Doch auch für Unternehmen, die SaaS als Kunde nutzen, ergeben sich mehr oder weniger weitreichende Veränderungen hinsichtlich des Geschäftsmodells. So kann bereits durch den bloßen Einsatz von SaaS und die damit verbundene Entlastung der eigenen Unternehmens-IT die Wirtschaftlichkeit des

---

[81] Vgl. *Barton* (2020), S. 34; *Könsgen/Schaarschmidt* (2018), S. 31
[82] Vgl. *Frank* et al. (2019), S. 245
[83] Vgl. *Könsgen/Schaarschmidt* (2018), S. 31
[84] Vgl. *Barton* (2020), S. 34
[85] *Schallmo/Rusnjak* (2021), S. 5
[86] *Hoffmeister* (2022), S. 15
[87] Vgl. *Frank* et al. (2019), S. 86
[88] Vgl. *Scheer* (2016), S. 59
[89] *Frank* et al. (2019), S. 86
[90] Vgl. *Mertens* et al. (2017), S. 156
[91] Vgl. *Bleiber* (2020), S. 63; *Hentschel/Leyh* (2018), S. 14

Geschäftsmodells bedeutend erhöht werden.[92] Und auch wenn Unternehmen vor dem Hintergrund, dass viele Wettbewerber auf die gleichen Anwendungen zurückgreifen, allein durch die Nutzung von SaaS meist keinen Wettbewerbsvorteil erzielen,[93] können sich durch die stärkere Konzentration auf die eigenen Kernkompetenzen, die wiederum durch den Wegfall des anwendungsbezogenen Verwaltungs-, Pflege- und Wartungsaufwands möglich wird, potenziell doch wieder Wettbewerbsvorteile ergeben.[94] Durch die operative Entlastung kann sich die unternehmensinterne IT gleichzeitig stärker auf strategisch ausgerichtete Projekte konzentrieren.[95] Damit zusammenhängend verändern sich mitunter auch die Aufgabenbereiche der einzelnen Fachabteilungen. Beispielsweise verlagert sich das Aufgabengebiet und damit auch das benötigte Know-how der IT-Mitarbeiter mit der Einführung von SaaS zunehmend in Richtung IT-Sicherheit und Compliance.[96] Darüber hinaus können durch den Einsatz von SaaS oder auch weiterer Cloud-Dienste bestehende Geschäftsmodelle digitaler und damit zukunftsfähig, die Ansprache sowie der Informationsaustausch mit Kunden, Partnern und Lieferanten vereinfacht, aber auch die gesamte Wertschöpfungskette potenziell neu gedacht werden.[97] So entstehen, bedingt durch die mit der Nutzung von SaaS einhergehende immer engere Verzahnung von Prozess- und Lieferketten auf der einen sowie Unternehmen, Lieferanten, Kunden und Partnern auf der anderen Seite, „komplett neue Wertschöpfungsnetzwerke".[98] Ebenso können viele Dienstleistungen zunehmend mit Hilfe von digitalen Anwendungen und somit auch SaaS erbracht werden. Gleiches gilt für die Kommunikation mit Partnern und Kunden, die durch den Einsatz entsprechender SaaS-Anwendungen wie z.B. Microsoft Teams effizient und standortunabhängig über digitale Kommunikationsformen erfolgen kann.[99] Analog verändert der Einsatz von SaaS die Arbeitsweise in Unternehmen, indem z.B. neue Arbeitsformen wie mobiles Arbeiten oder allgemein die Unabhängigkeit vom verwendeten Endgerät möglich werden, die ihrerseits bestehende Geschäftsmodelle erheblich beeinflussen können.[100] Insbesondere kleine und mittlere Unternehmen (KMU), die nicht über ausreichend Ressourcen für die Entwicklung individueller Software-Anwendungen verfügen, können durch die Einführung von SaaS-Lösungen innovative Dienste einsetzen, die bisher in erster Linie großen Unternehmen mit entsprechender Arbeitskraft und Know-how vorbehalten waren. Dadurch ergeben sich

[92] Vgl. *Bleiber* (2020), S. 64, 67
[93] Vgl. *Frank* et al. (2019), S. 245
[94] Vgl. *Könsgen/Schaarschmidt* (2018), S. 32–33
[95] Vgl. *Teague* (2016), S. 95
[96] Vgl. *Frank* et al. (2019), S. 265
[97] Vgl. *Abolhassan* (2016a), S. 16–17; *Bleiber* (2020), S. 68; *Leimeister* (2021), S. 101
[98] *Abolhassan* (2016a), S. 16
[99] Vgl. *Bleiber* (2020), S. 39, 191
[100] Vgl. *Abolhassan* (2016a), S. 16; *Teague* (2016), S. 95

für diese Unternehmen zunehmend neue Optionen in Bezug auf ihr Geschäftsmodell.[101] In der Folge können KMU aufgrund des Einsatzes von SaaS ihren Kunden möglicherweise zusätzlich oder sogar völlig neue Leistungen anbieten.

Insgesamt erleichtert der Einsatz von SaaS bzw. Cloud-Lösungen im Allgemeinen die Realisierung flexibler Geschäftsmodelle, die unabhängig von der Unternehmensgröße und dem Unternehmensstandort „eine schnellere Einführung skalierbarer Services ermöglichen".[102] Dabei ist die Entscheidung über den Einsatz von SaaS im Gegensatz zur Beschaffung klassischer Software-Anwendungen bereits eine strategische Entscheidung zugunsten des Outsourcings bestimmter Prozesse, Funktionsbereiche oder Leistungen und kein reiner Beschaffungsvorgang mehr.[103] Das riesige Angebot an SaaS-Anwendungen ermöglicht es Unternehmen in der Folge, sich leichter an die sich fortwährend verändernden Anforderungen der Digitalisierung anzupassen.[104] Ein klassisches Beispiel für die Veränderung von Geschäftsmodellen durch den Einsatz von SaaS ist der Einzelhandel. Anstatt die Produkte ausschließlich über den stationären Handel zu vertreiben, werden diese inzwischen häufig zusätzlich oder sogar ausschließlich über Onlineshops vertrieben.[105] Die hierfür benötigte Shop-Software kann wiederum als SaaS von einem externen Anbieter bezogen werden. Dies ermöglicht zum einen eine sehr schnelle Umsetzung von Shopsystemen und zum anderen eine schnelle Einführung auch in anderen Ländern sowie damit einhergehend eine zunehmend internationale Ausrichtung des Geschäftsmodells.[106] Im Sinne der digitalen Transformation von Geschäftsmodellen geht es dabei immer auch um eine schnellere Bereitstellung von Leistungen bzw. eine schnellere Produktion, Kosteneinsparungen und Umsatzsteigerungen, eine stärkere Vernetzung sowie die Steigerung der Produkt-, Prozess- und Beziehungsqualität.[107] Hierfür kann der Einsatz von SaaS einen wichtigen Beitrag leisten.

2.4 Empirische Ergebnisse

Wie bereits in Kapitel 2.1 angesprochen, ist der Einsatz von SaaS insbesondere im Bereich von E-Mail-Diensten, Bürosoftware und CRM bereits sehr weit verbreitet. Dementsprechend stark gewinnen Dienste wie Microsoft 365 oder Salesforce an Bedeutung, da sie unternehmenseigene Anwendungen zunehmend ersetzen.[108] Aber auch im Online-

---

[101] Vgl. *Barton* (2020), S. 34; *Kratzke* (2022), S. 16
[102] *Strecker/Kellermann* (2016), S. 85
[103] Vgl. *Brassel/Gadatsch* (2018), S. 21
[104] Vgl. *Andenmatten* (2022), S. 290
[105] Vgl. *Bleiber* (2020), S. 30
[106] Vgl. *Heinemann* (2022), S. 339–340
[107] Vgl. *Schallmo/Rusnjak* (2021), S. 8
[108] Vgl. *Farwick* et al. (2020), S. 331; *Frank* et al. (2019), S. 234

Handel nimmt der Einsatz von SaaS zu. So setzen insbesondere KMU „verstärkt auf SaaS-Lösungen und finanzieren ihren Shop damit aus laufenden Einnahmen".[109] ERP-Systeme wie SAP S/4HANA werden ebenso zunehmend als Cloud-Lösung mit vollständigem Zugriff über einen Webbrowser und monatlicher Mietgebühr angeboten.[110] In Deutschland nutzen aktuell bereits 13 % der Unternehmen SAP S/4HANA aus der Cloud, wobei der Einsatz in der Public Cloud sogar knapp vor dem in der Private Cloud liegt.[111] So auch beim Industriekonzern ThyssenKrupp, der die Anwendung jedoch von der ursprünglichen Public Cloud inzwischen in die Private Cloud migriert hat.[112] Das Unternehmen setzt darüber hinaus, ebenso wie der Brauereikonzern Heineken International auf den Einsatz der SaaS-Anwendung Microsoft 365.[113] Diese zählt zu den bekanntesten und gleichzeitig meist genutzten SaaS-Anwendungen überhaupt.[114] Bei Heineken stand dabei das Ziel, „die IT-Umgebung zu konsolidieren und überschaubarer zu machen, um besser und schneller auf Geschäftsanforderungen reagieren zu können" im Vordergrund.[115] Hierfür bieten Cloud-Lösungen neben der erforderlichen Zuverlässigkeit und Redundanz auch eine nahezu uneingeschränkte Skalierbarkeit. Seit der Einführung von Microsoft 365 kann sich das IT-Team von Heineken stärker auf strategisch ausgerichtete Projekte konzentrieren, da sämtliche Aktualisierungen, aber auch Funktionserweiterungen, vom Anbieter übernommen werden und somit keiner eigenen Ressourcen bedürfen.[116] Zudem kann durch die verstärkte Nutzung von SaaS-Anwendungen das „Konzept des dynamischen Arbeitsplatzes" vorangetrieben werden.[117] Den Mitarbeitern soll auf diese Weise ein zeit-, orts- und endgeräteunabhängiger Zugriff auf sämtliche Unternehmenssysteme ermöglicht werden. Die Vorstellung, dass auf Anwendungen ausschließlich von einem bestimmten fest eingerichteten Arbeitsplatz und einem spezifischen Gerät aus zugegriffen werden kann, erscheint aus der Sicht von Heineken veraltet. Dementsprechend wird der durch den Einsatz von SaaS möglich gewordene standort- und geräteunabhängige Zugriff als unerlässlich für die geforderte Agilität und Wettbewerbsfähigkeit des Unternehmens erachtet. Zusätzlich scheint sich dies bei Heineken positiv auf die Mitarbeiterzufriedenheit auszuwirken.[118]

---

[109] *Heinemann* (2022), S. 340
[110] Vgl. *Hentschel/Leyh* (2018), S. 14
[111] Vgl. *KPMG AG Wirtschaftsprüfungsgesellschaft* (2022a), S. 7
[112] Vgl. *Mühleck* (2016), S. 136
[113] Vgl. *Teague* (2016), S. 94; *Mühleck* (2016), S. 131
[114] Vgl. *Lindner* et al. (2020), S. 34; *Sommerville* (2018), S. 577
[115] *Teague* (2016), S. 94
[116] Vgl. *Teague* (2016), S. 94–95
[117] *Teague* (2016), S. 95
[118] Vgl. *Teague* (2016), S. 95

20

Auch bei der ThyssenKrupp AG ging es darum, die Agilität und Flexibilität auf der einen sowie die globale Kommunikation und Zusammenarbeit auf der anderen Seite zu verbessern. Aber auch die Entlastung der eigenen Unternehmens-IT sowie die Möglichkeit zur stärkeren Konzentration auf das Kerngeschäft waren Gründe für die Einführung verschiedener Cloud-Lösungen. In Form von SaaS eingesetzte Standardanwendungen verleihen dem Unternehmen seit deren Einführung die nötige Agilität und Flexibilität, um standortunabhängig auf benötigte Daten zugreifen zu können und von lokalen Servern und Benutzerkonten unabhängige Arbeitsplätze zu realisieren. Dass durch den Einsatz von SaaS alle Mitarbeiter stets mit aktuellen und vor allem auch gleichen Anwendungsversionen arbeiten wird dahingehend als großer Vorteil wahrgenommen, dass sowohl Dateninkompatibilitäten als auch Sicherheitslücken, die bei lokalen Anwendungen möglicherweise lange Zeit unentdeckt gebliebenen wären, vermieden werden.[119] Gemeinsam mit dem für die Transformation der bestehenden IT in die Cloud gewonnenen Partner T-Systems werden bei ThyssenKrupp „gut 80.000 Computerarbeitsplätze und ca. 700 Data Center und Serverräume (…) im Zeitraum von 36 Monaten in die Cloud gebracht".[120] Allein in Asien werden bereits über 10.000 E-Mail-Accounts mit Microsoft 365 in einer Public Cloud gehalten.[121] Aufgrund des gewaltigen Umfangs muss die Migration von ehemals lokalen Anwendungen in die Cloud dabei vor allem bei großen Unternehmen, so auch bei ThyssenKrupp, immer schrittweise erfolgen. T-Sytems arbeitet dabei als Partner stellvertretend für ThyssenKrupp je nach Anwendung mit unterschiedlichen Partnern wie z.B. Microsoft, SAP oder Oracle zusammen und entlastet die Unternehmens-IT somit von der direkten Kooperation mit den SaaS- bzw. weiteren Cloud-Lösungs-Anbietern. Die Sicherheit sämtlicher Anwendungen und Daten wird dabei durch ein mehrstufiges Sicherheitsmodell gewährleistet, das teils von ThyssenKrupp selbst und teils von T-Systems verwaltet wird.[122]

3 Das Nutzenpotenzial von SaaS am Beispiel einer Werbeagentur

Nachdem im bisherigen Verlauf der vorliegenden Arbeit in erster Linie aus theoretischer Perspektive auf das SaaS-Konzept eingegangen wurde, soll dessen Einsatz nun anhand eines konkreten Unternehmensbeispiels aus praktischer Sicht erläutert werden. Hierzu werden beispielhaft anhand bereits eingeführter SaaS-Lösungen die Auswirkungen auf das gewählte Unternehmen dargelegt.

---

[119] Vgl. *Mühleck* (2016), S. 129–130
[120] *Mühleck* (2016), S. 130
[121] Vgl. *Mühleck* (2016), S. 131
[122] Vgl. *Mühleck* (2016), S. 134, 136-137

3.1 Vorstellung der Werbeagentur Musterling

Im Rahmen des Unternehmensbeispiels geht es um eine kleine Werbeagentur aus dem süddeutschen Raum. Da der Unternehmensname an dieser Stelle nicht genannt werden darf, wird die Agentur stellvertretend als Werbeagentur Musterling bezeichnet. Diese bietet ihren Kunden sowohl Leistungen in den Bereichen Print und Web als auch zusätzliche Dienste wie Content-Erstellung und Fotografie an. Im Laufe der letzten ca. 30 Jahre seit Unternehmensgründung hat sich der Fokus jedoch immer stärker in Richtung Web verschoben. Zu dieser Entwicklung haben vor allem in jüngerer Vergangenheit maßgeblich auch SaaS-Lösungen beigetragen. Die Kernkompetenzen der Werbeagentur Musterling liegen dabei neben dem Grafikdesign und der Erstellung von kundenspezifischem Content inzwischen auch im Webdesign und der Suchmaschinenoptimierung, wofür häufig auch der englische Begriff Search Engine Optimization (SEO) verwendet wird.

3.2 Chancen und Risiken des Einsatzes ausgewählter SaaS-Lösungen

Für viele, wenn nicht sogar die meisten Unternehmen steht bei der Einführung bzw. beim Einsatz von SaaS oder auch Cloud Computing das Ziel der Kostenreduktion an oberster Stelle.[123] So auch bei der Werbeagentur Musterling. Da hochqualifizierte IT-Mitarbeiter mit entsprechenden Kenntnissen in Server-Administration, Programmierung und Softwareentwicklung zumindest in der erforderlichen Anzahl schwer zu bekommen und zudem teuer sind, kommen inzwischen verstärkt SaaS-Lösungen zum Einsatz. Damit können, wie bereits in Kapitel 2.2 erläutert, sowohl spezialisierte IT-Mitarbeiter als auch eigene IT-Ressourcen eingespart werden.[124] Dies wiederum ermöglicht eine stärkere Konzentration auf die eigenen Kernkompetenzen,[125] die bei einer Werbeagentur selten in der IT, sondern vielmehr in den Bereichen Kreativität und Gestaltung liegen. Im Fall der Werbeagentur Musterling zählt hierzu zunehmend auch das Webdesign. Um einerseits Kosten zu sparen und andererseits die Kernkompetenzen weiter auszubauen und gegebenenfalls auch zu verlagern, setzt die Agentur verstärkt auf den Einsatz von SaaS-Lösungen. Diese werden in verschiedenen Bereichen eingesetzt, in denen wiederum unterschiedliche Vor- und Nachteile zum Tragen kommen. Im Detail soll im Folgenden auf die von der Werbeagentur Musterling eingesetzten SaaS-Anwendungen Microsoft 365, Adobe Creative Cloud, Lexoffice, WordPress sowie den Onlineshop von Host

---

[123] Vgl. *Frank* et al. (2019), S. 110; *Könsgen/Schaarschmidt* (2018), S. 31; *KPMG AG Wirtschaftsprüfungsgesellschaft* (2022b), S. 9; *Strecker/Kellermann* (2016), S. 85
[124] Vgl. *Frank* et al. (2019), S. 111, 234
[125] Vgl. *Könsgen/Schaarschmidt* (2018), S. 32–33

Europe eingegangen werden. Zur Beurteilung von deren Vorteilhaftigkeit werden die in Tabelle 1 (siehe Kapitel 2.2) herausgearbeiteten Kriterien herangezogen.

Hinsichtlich der eingesetzten E-Mail- und Bürosoftware ersetzt Microsoft 365 die bisher je nach Personal Computer (PC) unterschiedliche Version des installierten Office-Pakets. Somit stehen allen Mitarbeitern die gleichen Funktionen zur Verfügung, was bei der bisherigen On Premise Nutzung unterschiedlich alter Lizenzversionen nicht immer der Fall war. Das eingesetzte SaaS-Paket beinhaltet im Detail zum einen mit Word, Excel und PowerPoint ein Textverarbeitungs-, Tabellenkalkulations- und Präsentationsprogramm. Zum anderen steht mit Outlook ein E-Mail-Programm, mit Teams ein Dienst, der unter anderem für Videokonferenzen genutzt wird, und mit OneDrive ein Filesharing-Programm zur Verfügung. Bestimmte Pakete enthalten darüber hinaus unterschiedlich viele weitere Services.[126] Die Einführung von Microsoft 365 bringt damit nicht nur Kompatibilitätsvorteile, sondern erleichtert durch Bestandteile wie Teams auch die Kommunikation sowohl innerhalb des Unternehmens als auch mit Kunden und Partnern. Von zentraler Bedeutung ist zudem der orts- und geräteunabhängige Zugriff auf das Programm, der wiederum Arbeitsformen wie mobiles Arbeiten wesentlich erleichtert. Darüber hinaus werden keine eigenen E-Mail-Server mehr benötigt, was sowohl hinsichtlich des Betriebs- und Wartungsaufwands, aber auch der benötigten Ressourcen erhebliche Vorteile für die Agentur bringt, da diese neben dem Inhaber nur über einen einzigen in dieser Hinsicht ausreichend qualifizierten Mitarbeiter verfügt. Als kritisch erweist sich dagegen der Datenschutz, da häufig nicht abschließend sichergestellt werden kann, dass die Daten nicht auf US-Servern liegen, was wiederum der geltenden DSGVO widersprechen würde.[127] Die wichtigsten Vor- und Nachteile der Nutzung von Microsoft 365 aus Sicht der Werbeagentur Musterling sind in Tabelle 2 nochmals zusammengefasst.

---

[126] Vgl. *Microsoft Corporation* (o. J.)
[127] Vgl. *Lindner* et al. (2020), S. 33

Hauptvor- und -nachteile von Microsoft 365 (SaaS) gegenüber dem klassischen Office-Paket (On Premise) aus Sicht der Werbeagentur Musterling	
Kosten und Risiko	**Flexibilität**
⊕ Niedrige Investitionskosten	⊕ Hohe Flexibilität durch bedarfsgerechte Skalierbarkeit
Sicherheit und Kontrolle	⊕ Orts- und geräteunabhängiger Zugriff
⊖ Eingeschränkter Einfluss auf die Datensicherheit	⊕ Ermöglichung bzw. Förderung von mobilem und effizientem verteilten Arbeiten
⊖ Kaum Einfluss auf die Einhaltung des Datenschutzes durch den Anbieter	⊕ Erleichterung des direkten Datenaustauschs mit Kunden und Partnern
⊖ Keine Hard- und Softwarekontrolle	**Aktualität und Kompatibilität**
Personal- und Ressourcenaufwand	⊕ Stete Aktualität der Anwendung durch automatische Updates
⊕ Geringerer Bedarf an spezialisierten IT-Mitarbeitern	⊕ Vermeidung von Sicherheitslücken und Dateninkompatibilität aufgrund veralteter Versionen
⊕ Keine eigenen IT-Ressourcen erforderlich	**Strategische Aspekte**
Nutzungsvoraussetzungen	⊕ Stärkere Konzentration auf Kernkompetenzen möglich
⊖ Stabile und schnelle Internetverbindung erforderlich	

Tabelle 2:   Hauptvor- und -nachteile von Microsoft 365 für die Werbeagentur Musterling. (Quelle: Eigene Darstellung)

Bildbearbeitungs- und Layoutprogramme sind für eine Werbeagentur von elementarer Bedeutung. Deshalb gehörte die Adobe Creative Suite seit jeher zu den grundlegenden Arbeitsmitteln der Werbeagentur Musterling. Allerdings erfolgte aus Kostengründen auch hier kein regelmäßiges Upgrade auf die jeweils neueste Version, sodass verschiedene Mitarbeiter mit unterschiedlichen Softwarepaketen arbeiten mussten. Aufgrund des teilweise unterschiedlichen Funktionsumfangs führte dies jedoch regelmäßig zu Problemen. Aus diesem Grund wurde die Einführung der Adobe Creative Cloud für alle Mitarbeiter, die in erster Linie mit Grafikprogrammen arbeiten, beschlossen. Diese beinhaltet neben bekannten Programmen wie Photoshop, InDesign, Illustrator und Lightroom auch Programme für die Videobearbeitung sowie 1 TB Cloud-Speicherplatz pro Anwender.[128]

---

[128] Vgl. *Adobe Systems Software Ireland Limited* (o. J.a), (o. J.b)

Darüber hinaus bietet sie attraktive Optionen für die verteilte Zusammenarbeit mit Kollegen, Partnern und Kunden.[129] Dies ist für die Werbeagentur Musterling auch vor dem Hintergrund, dass Kunden mitunter bezüglich Webdesign, Werbemittel-Gestaltung oder Ähnlichem mit verschiedenen Partnern zusammenarbeiten, von hoher Bedeutung. Durch die Möglichkeit des schnellen Austauschs von Mediendateien und der gleichzeitigen Bearbeitung einzelner Dateien durch mehrere Anwender[130] ergeben sich so bedeutende Effizienzgewinne. Zudem sind Mitarbeiter nicht mehr an ein Gerät gebunden, sondern können Dateien orts- und geräteunabhängig auch von unterwegs oder aus dem Homeoffice problemlos bearbeiten. Die Umstellung auf die Adobe Creative Cloud brachte für die Werbeagentur Musterling demnach, wie in Tabelle 3 dargestellt, zahlreiche Vorteile.

Hauptvor- und -nachteile von Adobe Creative Cloud (SaaS) gegenüber der früheren Creative Suite (On Premise) aus Sicht der Werbeagentur Musterling	
Kosten und Risiko	**Flexibilität**
➕ Niedrige Investitionskosten	➕ Orts- und geräteunabhängiger Zugriff
Sicherheit und Kontrolle	➕ Ermöglichung bzw. Förderung von mobilem und effizientem verteilten Arbeiten
➖ Eingeschränkter Einfluss auf die Datensicherheit	➕ Erleichterung des direkten Datenaustauschs mit Kunden und Partnern
➖ Kaum Einfluss auf die Einhaltung des Datenschutzes durch den Anbieter	**Aktualität und Kompatibilität**
Personal- und Ressourcenaufwand	➕ Stete Aktualität der Anwendung durch automatische Updates
➕ Keine eigenen IT-Ressourcen erforderlich	➕ Vermeidung von Dateninkompatibilität aufgrund veralteter Versionen
Nutzungsvoraussetzungen	➕ Vermeidung von abweichenden Funktionsumfängen aufgrund unterschiedlicher Versionen
➖ Stabile und schnelle Internetverbindung erforderlich	

Tabelle 3: Hauptvor- und -nachteile der Adobe Creative Cloud für die Werbeagentur Musterling.
(Quelle: Eigene Darstellung)

[129] Vgl. *Adobe Systems Software Ireland Limited* (o. J.c)
[130] Vgl. *Adobe Systems Software Ireland Limited* (o. J.c)

Als Rechnungsprogramm nutzte die Werbeagentur Musterling seit Jahren bzw. Jahrzehnten Lexware faktura+auftrag. Dieses war jedoch nur auf einem einzigen PC installiert, noch dazu in einer stark veralteten Version. Da grundsätzlich mehrere Mitarbeiter Rechnungen erstellen, war dies bereits seit Langem ein im Grunde genommen untragbarer Zustand. Zum einen musste für jede Rechnung bzw. Rechnungsinformation ein anderer PC aufgesucht werden und zum anderen konnten nicht mehrere Mitarbeiter gleichzeitig Rechnungen erstellen, bearbeiten oder einsehen. Die Einführung der SaaS-Lösung Lexoffice stellt in dieser Hinsicht einen eklatanten Effizienzgewinn für die Agentur dar. Das unnötige Aufhalten mit derart umständlichen Abläufen erlaubt darüber hinaus eine Konzentration auf die Kernaufgaben der Agentur. Bei Bedarf könnten zudem noch weitere Funktionen zum gewählten Basispaket hinzugebucht werden.[131] Da es sich bei der Haufe-Lexware GmbH & Co. KG, dem Anbieter der SaaS-Lösung Lexoffice, um ein deutsches Unternehmen mit geprüften Hochsicherheitsrechenzentren in Deutschland handelt, dessen Anwendungen laut eigener Aussage vollständig DSGVO-konform sind,[132] bestehen hinsichtlich Sicherheit und Datenschutz von Agenturseite keine Bedenken. Tabelle 4 fasst die wichtigsten Vor- und Nachteile der Einführung von Lexoffice in der Werbeagentur Musterling nochmals übersichtlich zusammen.

---

[131] Vgl. *Lexware.de* (o. J.b)
[132] Vgl. *Lexware.de* (o. J.a)

Hauptvor- und -nachteile von Lexoffice (SaaS) gegenüber Lexware faktura+ auftrag bzw. Lexware buchhaltung (On Premise) aus Sicht der Werbeagentur Musterling	
Kosten und Risiko	**Flexibilität**
⊕ Niedrige Investitionskosten	⊕ Orts- und geräteunabhängiger Zugriff
Personal- und Ressourcenaufwand	⊕ Ermöglichung von mobilem Arbeiten
⊕ Geringer Verwaltungs-, Betriebs- und Wartungsaufwand	⊕ Erleichterung des direkten Datenaustauschs mit Partnern (Steuerberater)
⊕ Geringerer Zeitaufwand für Rechnungsbearbeitung	⊕ Nutzungsabhängige Abrechnung
Nutzungsvoraussetzungen	**Einsatzbereich und Individualität**
⊖ Stabile und schnelle Internetverbindung erforderlich	⊖ Begrenzte eigene Einstellungs- und Anpassungsmöglichkeiten
	Aktualität und Kompatibilität
	⊕ Stete Aktualität der Anwendung durch automatische Updates
	⊕ Vermeidung von Sicherheitslücken und Dateninkompatibilität aufgrund veralteter Versionen
	Strategische Aspekte
	⊕ Stärkere Konzentration auf Kernkompetenzen möglich

Tabelle 4: Hauptvor- und -nachteile von Lexoffice für die Werbeagentur Musterling. (Quelle: Eigene Darstellung)

Die bereits in Kapitel 3.1 angesprochene zunehmende Verlagerung des Fokus auf den Bereich Web hat seitens der Werbeagentur Musterling die Einführung passender Software-Lösungen erforderlich gemacht. Da die Kompetenzen zur Entwicklung eigener Content Management Systeme (CMS) nicht vorhanden waren, die eigenständige Programmierung im Verhältnis zu den Preisen, zu denen die Erstellung einer Website im gegebenen Marktumfeld angeboten werden kann, als Minusgeschäft erscheint, ein orts- und endgeräteunabhängiger Zugriff aber genauso wie eine effiziente verteilte Zusammenarbeit mit Kunden und Partnern zwingend erforderlich ist, fiel die Entscheidung schnell zugunsten des Einsatzes von betriebsbereiten SaaS-Lösungen, auf die unkompliziert über jeden Webbrowser zugegriffen werden kann. Konkret wird derzeit in erster

Linie das als SaaS-Lösung angebotene WordPress-CMS eingesetzt.[133] Die Einführung des CMS zur Website-Erstellung eröffnete der Agentur in diesem Zusammenhang völlig neue Geschäftsfelder, auf die in Kapitel 3.3 näher eingegangen wird. Gleiches gilt für die Nutzung von SaaS-Lösungen für die gelegentliche Erstellung von einfachen Online-shops. Aufgrund der hohen Sicherheitsstandards mit Servern in Deutschland und Einhaltung sämtlicher Datenschutzvorgaben gemäß DSGVO bzw. Bundesdatenschutzgesetz (BDSG),[134] fiel die Entscheidung zur Nutzung welchen Shopsystems zugunsten des Onlineshops von Host Europe. Dieser bietet, die Möglichkeit, ohne Programmierkenntnisse schnell und einfach einen vollständig mobil optimierten und rechtskonformen Onlineshop zu erstellen,[135] der dennoch über einen für die derzeit zu realisierenden Projekte ausreichenden Funktionsumfang verfügt. Sowohl der Einsatz von CMS als auch Onlineshop-Systemen bringt für die Werbeagentur Musterling folglich, wie in Tabelle 5 dargestellt, erhebliche Vorteile.

---

[133] Vgl. *Riedl/Printing* (2019), S. 51
[134] Vgl. *Fiege* (2022)
[135] Vgl. *Host Europe GmbH* (o. J.)

Hauptvor- und -nachteile des CMS WordPress sowie des Host Europe Onlineshops (SaaS) gegenüber Eigenentwicklungen bzw. On Premise Lösungen aus Sicht der Werbeagentur Musterling	
Kosten und Risiko	**Flexibilität**
⊕ Niedrige Investitionskosten	⊕ Hohe Flexibilität durch bedarfsgerechte Skalierbarkeit
⊕ Niedrigere Betriebs- und Wartungskosten	⊕ Orts- und geräteunabhängiger Zugriff
⊕ Geringe Kapitalbindung (v.a. bei Onlineshops)	⊕ Ermöglichung bzw. Förderung von mobilem und effizientem verteilten Arbeiten
⊕ Geringes Investitionsrisiko (v.a. bei Onlineshops)	⊕ Erleichterung des direkten Datenaustauschs mit Kunden und Partnern
Sicherheit und Kontrolle	⊕ Nutzungsabhängige Abrechnung
⊖ Eingeschränkter Einfluss auf die Datensicherheit (v.a. bei CMS)	⊖ Abhängigkeit vom SaaS-Anbieter
⊖ Kaum Einfluss auf die Einhaltung des Datenschutzes durch den Anbieter (v.a. bei CMS)	**Einsatzbereich und Individualität**
Personal- und Ressourcenaufwand	⊖ Begrenzte eigene Einstellungs- und Anpassungsmöglichkeiten
⊕ Geringer Verwaltungs-, Betriebs- und Wartungsaufwand	**Aktualität und Kompatibilität**
⊕ Geringerer Bedarf an spezialisierten IT-Mitarbeitern	⊕ Stete Aktualität der Anwendung durch automatische Updates
⊕ Keine eigenen IT-Ressourcen erforderlich	⊕ Vermeidung von Sicherheitslücken aufgrund veralteter Versionen
Nutzungsvoraussetzungen	**Strategische Aspekte**
⊕ Kaum IT-Fachwissen erforderlich	⊕ Eröffnung neuer Geschäftsbereiche
⊖ Stabile und schnelle Internetverbindung erforderlich	

Tabelle 5: Hauptvor- und -nachteile von WordPress sowie des Host Europe Onlineshops für die Werbeagentur Musterling.
(Quelle: Eigene Darstellung)

Aus Sicht der Werbeagentur Musterling überwiegen, wie aus den Tabellen 2 bis 5 ersichtlich, die Vorteile der eingesetzten SaaS-Lösungen.

29

3.3 Auswirkungen des Einsatzes von SaaS auf das Geschäftsmodell der Werbeagentur Musterling

Dass durch die Einführung von SaaS neue Geschäftsbereiche entwickelt, Wettbewerbsvorteile erzielt bzw. ausgebaut, aber auch ganze Geschäftsmodelle verändert werden können,[136] zeigt sich auch bei der Werbeagentur Musterling. War die Agentur vor Jahren noch eine klassische Werbeagentur, hat sie ihr Angebot inzwischen um Leistungen im Web-Bereich erweitert. Ein wesentlicher Bestandteil davon ist das Webdesign. So erstellt sie auf der Basis vorgefertigter CMS eigene Websites für ihre Kunden. Da es sich bei den Kunden in erster Linie um Kleinbetriebe handelt, die weder komplexe Seitenstrukturen noch spezielle Funktionalitäten benötigen, sondern lediglich einen optisch ansprechenden Internetauftritt mit entsprechend gut aufbereitetem Content, lässt sich dies auch ohne eigene Programmierer bzw. entsprechend spezialisierte IT-Mitarbeiter realisieren. Je nach Kundenwunsch werden die Inhalte von der Agentur oder auch vom Kunden selbst ins CMS eingepflegt. Arbeitet der Kunde z.B. bezüglich der Content-Erstellung mit einem anderen externen Dienstleister zusammen, kann auch dieser prinzipiell einen eigenen Zugang erhalten, um die Inhalte direkt in die Website einzufügen. Analog bietet die Werbeagentur Musterling ihren Kunden inzwischen auch die Erstellung einfacher Onlineshops an. Hier übernimmt die Agentur jedoch in der Regel die Einpflege sämtlicher Daten. Ermöglicht wird die Erstellung von Onlineshops und Websites dabei durch die Nutzung von SaaS-Lösungen. Umgekehrt bedeutet dies, dass sich das Geschäftsmodell der Agentur dahingehend verändert, dass das Leistungsangebot ausgeweitet und dadurch ein zusätzlicher Kundennutzen gestiftet wird. In Bezug auf das Leistungsangebot hat die Werbeagentur Musterling im Zuge der Einführung von SaaS noch einen weiteren Geschäftsbereich für sich erschlossen. So bietet sie nicht nur Webdesign, Content-Erstellung und gegebenenfalls das Anfertigen benötigter Fotos für die Erstellung einer Website bzw. eines Onlineshops an, sondern auch deren fortlaufende inhaltliche Pflege. Dabei können Kunden zwischen einer monatlichen Pauschale und einer Abrechnung nach tatsächlichen Arbeitsstunden wählen. Die Erfahrung zeigt, dass sich in diesem Zusammenhang verhältnismäßig viele Kunden für die Pauschale entscheiden, was der Agentur wiederum zusätzliche regelmäßige Einnahmen verschafft. So konnte basierend auf der eigenen Nutzung von SaaS-Lösungen das Geschäftsmodell um einen weiteren Leistungsbereich ergänzt werden.

Durch das verstärkte Angebot neuer Dienstleistungen verändert sich gleichzeitig auch das Aufgabengebiet der Mitarbeiter, die sich nicht mehr vorwiegend mit klassischem

---

[136] Vgl. *Barton* (2020), S. 34; *Hentschel/Leyh* (2018), S. 16

Grafikdesign, sondern zunehmend mit Dingen wie Webdesign, Content-Pflege und SEO beschäftigen müssen. Gleichzeitig führt die mit der Einführung von SaaS-Lösungen wie WordPress bzw. CMS oder auch der Adobe Creative Cloud einhergehende Förderung einer effizienten verteilten Zusammenarbeit zu einem intensiveren Austausch sowohl zwischen den Mitarbeitern als auch mit Partnern und Kunden. Darauf aufbauend entstehen, wie das Beispiel CMS, in das sowohl die Agentur-Mitarbeiter als auch Kunden und Partner Inhalte einpflegen können, zeigt, „komplett neue Wertschöpfungsnetzwerke", was langfristig zu immer stärker vernetzten Organisationen führt.[137] Umgekehrt eröffnet die Möglichkeit des orts- und endgeräteunabhängigen Zugriffs auf sämtliche Anwendungen neue Optionen in Bezug auf mobiles Arbeiten.[138] So arbeiten auch in der Werbeagentur Musterling inzwischen viele Mitarbeiter nicht mehr täglich an ihrem Büroarbeitsplatz am Firmenstandort, sondern teilweise bereits überwiegend aus dem Home-Office oder von unterwegs. Die Kommunikation mit Kunden oder Partnern erfolgt dann über digitale Kommunikationsmittel wie z.B. Microsoft Teams. Auch wenn persönliche Kundentermine vor Ort vorerst weiterhin möglich bleiben, ist das Ziel dennoch, die gesamte Kundenkommunikation zunehmend in Richtung digitaler Kanäle zu verschieben. Neben der Ortsunabhängigkeit der Mitarbeiter bringt dies vielen Kunden eine enorme Zeitersparnis und damit einen zusätzlichen Nutzen, da z.B. Anfahrtswege entfallen. Die Zunahme mobiler Arbeitsformen führt ihrerseits wieder zu einer Veränderung des bestehenden Geschäftsmodells. Zusätzlich haben die niedrigeren Investitionskosten, die sich wie in Kapitel 3.2 erläutert, aus dem Einsatz von SaaS-Lösungen ergeben, einen erheblichen Einfluss auf die Kostenstruktur des Geschäftsmodells.[139]

Insgesamt entwickelt sich das Geschäftsmodell der Werbeagentur Musterling auf Basis des verstärkten Einsatzes von SaaS-Lösungen bereits in Richtung eines digitalen Geschäftsmodells, bei dem zum einen der Kundennutzen über digitale Leistungen geschaffen und zum anderen Erlöse für das Unternehmen über digitale Leistungen erzielt werden.[140] Im Detail zeigt Abbildung 2 nochmals die wesentlichen Veränderungen, die sich durch den zunehmenden Einsatz von SaaS-Lösungen für das Geschäftsmodell der Werbeagentur Musterling ergeben. Die Grafik enthält dabei lediglich die Bereiche, in denen sich aufgrund des Einsatzes von SaaS starke Veränderungen ergeben haben, wobei ein grüner Pfeil einen Anstieg und ein roter Pfeil eine Abnahme des entsprechenden Aspekts symbolisiert.

[137] *Abolhassan* (2016a), S. 16
[138] Vgl. *Teague* (2016), S. 95
[139] Vgl. *Frank* et al. (2019), S. 127
[140] *Hoffmeister* (2022), S. 15

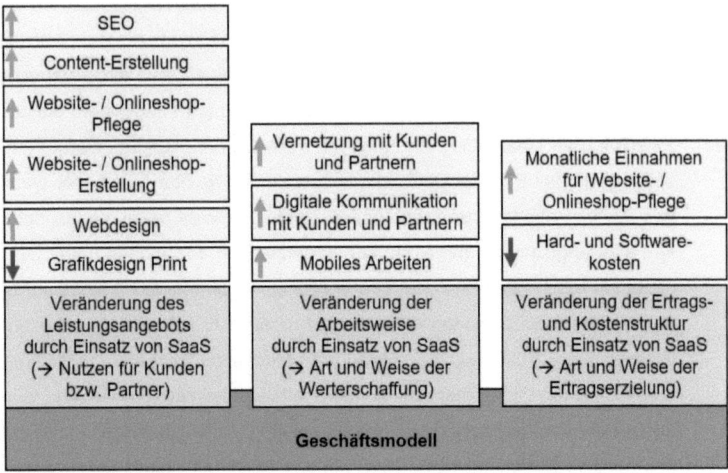

Abbildung 2: Veränderung des Geschäftsmodells der Werbeagentur Musterling durch den Einsatz von SaaS.
(Quelle: Eigene Darstellung)

Die Art und Weise, wie Software-Anwendungen einerseits zur Erhöhung des Kundennutzens, andererseits aber auch zur Erzielung von Umsatz und Gewinn eingesetzt werden, tragen dabei wesentlich zur Realisierung von Wettbewerbsvorteilen durch ein Unternehmen bei.[141]

4 Diskussion

Im Rahmen der vorliegenden Arbeit wurden zunächst die theoretischen Grundlagen des SaaS-Konzepts ausführlich erläutert. Im Sinne einer Entscheidungsunterstützung zur Beurteilung der Vorteilhaftigkeit von SaaS-Lösungen aus Sicht von Unternehmen, die SaaS als Kunde nutzen, wurden darauf aufbauend die Vor- und Nachteile derartiger Dienste erörtert sowie deren potenzielle Auswirkungen auf bestehende Geschäftsmodelle beschrieben. Im Sinne eines Theorie-Praxis-Transfers wurden die theoretischen Erkenntnisse anschließend auf ein praktisches Unternehmensbeispiel übertragen. Im Wesentlichen konnten hierbei in Übereinstimmung mit den theoretischen Erkenntnissen die niedrigeren Kosten, die erhöhte Flexibilität und der sowohl in materieller als auch personeller Hinsicht geringere Ressourcenbedarf als Hauptvorteile identifiziert werden,[142] wobei im konkreten Beispielfall auch die Aktualität und Versionsgleichheit der

---

[141] *Frank* et al. (2019), S. 86
[142] Vgl. *Könsgen/Schaarschmidt* (2018), S. 31–33

jeweiligen Anwendung als entscheidender Faktor erachtet wurde. Als Hauptnachteile bzw. -risiken gelten beim Einsatz von SaaS vor allem die fehlende Kontrolle in Bezug auf Datensicherheit und Datenschutz,[143] was sich auch im Praxisbeispiel überwiegend bestätigte. Aus Gründen der Übersichtlichkeit wurde zur Beurteilung der konkret untersuchten SaaS-Anwendungen hinsichtlich ihrer Vorteilhaftigkeit stets die Übersichtstabelle aus dem theoretischen Teil (siehe Tabelle 1 in Kapitel 2.2) herangezogen. Um die Unterschiede zwischen den einzelnen Anwendungen in Bezug auf deren konkrete Vor- und Nachteile stärker herausstellen zu können, wurden lediglich die wichtigsten Faktoren aufgelistet. Die entsprechenden Tabellen 2 bis 5 erheben deshalb keinen Anspruch auf Vollständigkeit. Zudem unterliegt die Bewertung, aber vor allem auch die Auswahl der untersuchten SaaS-Anwendungen einer gewissen Subjektivität. Aufgrund der unternehmensspezifischen Besonderheiten können die Ergebnisse deshalb nicht eins zu eins auf andere Unternehmen übertragen werden. Dennoch zeigt das Praxisbeispiel, dass aus Unternehmenssicht für verschiedene Anwendungen mitunter unterschiedliche Faktoren im Vordergrund stehen können. Zudem wird deutlich, dass es insbesondere für kleine Unternehmen von hoher Bedeutung sein kann, dass für die Nutzung von SaaS-Anwendungen keine eigenen Ressourcen in Form von Hardware bzw. spezialisierten IT-Mitarbeitern benötigt werden, um innovative Dienste nutzen und anbieten zu können.[144] Hinsichtlich der Auswirkungen des Einsatzes von SaaS auf das Geschäftsmodell zeigt das Beispiel der Werbeagentur Musterling, dass die Nutzung von SaaS die Erschließung völlig neuer Geschäftsfelder und dadurch eine Neuausrichtung des gesamten Unternehmens ermöglichen kann.[145] Zudem ergeben sich neue Möglichkeiten hinsichtlich der Arbeitsformen, von denen wiederum auch die Mitarbeiter profitieren. So wird mobiles, standortunabhängiges Arbeiten unabhängig von fest eingerichteten Büroarbeitsplätzen am Unternehmensstandort plötzlich möglich.[146] Durch die effizientere Zusammenarbeit mit Kunden und Partnern entstehen außerdem Netzwerke, von denen alle Beteiligten profitieren.[147] Im Wesentlichen decken sich die Ergebnisse aus dem Praxisbeispiel damit mit den in Kapitel 2.3 erläuterten theoretischen Erkenntnissen. Dennoch können sich die Auswirkungen des Einsatzes von SaaS im Detail je nach Unternehmen unterscheiden, weshalb die gewonnenen Erkenntnisse aus dem konkreten Fallbeispiel nicht ohne weiteres verallgemeinert werden können. Im vorliegenden Beispiel wurden zudem lediglich die wichtigsten Veränderungen, die direkt auf den Einsatz der ausgewählten SaaS-An-

[143] Vgl. *Leimeister* (2021), S. 262
[144] Vgl. *Barton* (2020), S. 34; *Frank* et al. (2019), S. 111; *Mertens* et al. (2017), S. 25
[145] Vgl. *Hentschel/Leyh* (2018), S. 16
[146] Vgl. *Teague* (2016), S. 95
[147] Vgl. *Abolhassan* (2016a), S. 16

wendungen zurückzuführen sind, erläutert, wobei die Beurteilung der Wichtigkeit wiederum einer gewissen Subjektivität unterliegt. Ein detailliertes Eingehen auf sämtliche direkte oder indirekte Veränderungen in Bezug auf das Geschäftsmodell würde den Rahmen dieser Arbeit jedoch sprengen. Das Ziel bestand diesbezüglich vielmehr darin, zu zeigen, dass der Einsatz von SaaS auf unterschiedliche Art und Weise Einfluss auf das bestehende Geschäftsmodell eines Unternehmens haben kann, also z.b. auf das Leistungsangebot, die Arbeitsweise oder die Ertrags- bzw. Kostenstruktur. Gegebenenfalls hätte diesbezüglich eine stärker strukturierte Untersuchung hinsichtlich vorher festgelegter Einflussfaktoren erfolgen können. Da aber unternehmensintern keine gesammelten Daten bezüglich möglicher Veränderungen durch den Einsatz von SaaS vorliegen, wurde im vorliegenden Fall eine induktivere Vorgehensweise gewählt. Zudem muss angemerkt werden, dass die von der Werbeagentur Musterling eingesetzten SaaS-Anwendungen wie das CMS WordPress oder der als SaaS-Lösung genutzte Onlineshop von Host Europe für sehr spezielle Kundenanforderungen nicht ausreichend wären. In diesem Fall würden Nachteile wie die fehlenden individuellen Einstellungs- und Anpassungsmöglichkeiten so sehr ins Gewicht fallen, dass mit Hilfe der entsprechenden SaaS-Anwendung der angestrebte Kundennutzen nicht erbracht werden kann, was umgekehrt wiederum Folgen für das Geschäftsmodell dahingehend haben könnte, dass die entsprechenden Leistungen entweder nicht angeboten werden können oder spezialisierte Mitarbeiter mit umfangreichem Fachwissen eingestellt werden müssen. In der Folge würden sich erneut das Leistungsangebot und mitunter auch die Ausrichtung des Unternehmens verändern.

Insgesamt gesehen legen Cloud Computing Modelle wie SaaS den „Grundstein für die Agilität, die der Markt heute - und in Zukunft noch viel mehr - fordert".[148] Insbesondere für große Unternehmen bietet sich dabei über den Einsatz von SaaS hinaus auch der Einsatz von PaaS und IaaS an. Die Nutzung von PaaS ermöglicht dabei neben der unternehmensspezifischen Anpassung von standardisierten SaaS-Diensten auch die Entwicklung eigener Dienste als SaaS, was wiederum weitreichende Auswirkungen auf das bestehende Geschäftsmodell eines Unternehmens haben kann. Der Einsatz von IaaS macht darüber hinaus das Betreiben eigener Rechenzentren bzw. Anwendungen in der Cloud möglich und ist somit vor allem auch vor dem Hintergrund der möglicherweise beabsichtigten Einrichtung einer Private Cloud relevant.[149] Durch die Virtualisierung der physischen IT-Ressourcen und die damit verbundene höhere Ressourceneffizienz kann Cloud Computing über die unternehmensinterne Bedeutung hinaus als wichtige

148 *Strecker/Kellermann* (2016), S. 75
149 Vgl. *Barton* (2020), S. 34

34

sogenannte „Green-IT-Maßnahme mit einem potentiell positiven Umwelteffekt" gesehen werden.[150] Green IT beschäftigt sich in diesem Zusammenhang mit den Möglichkeiten zur Reduktion des Energieverbrauchs und damit zusammenhängend einer höheren Energieeffizienz von IT-Systemen, was aufgrund der allgemeinen Forderung nach mehr Nachhaltigkeit in Zukunft eine immer wichtigere Rolle spielen wird.[151] Als Weiterentwicklung von Cloud Computing kommt dabei bereits heute dem sogenannten Software Defined Datacenter (SDDC), das eine vollständig virtualisierte Infrastruktur bereitstellt, eine wachsende Bedeutung zu.[152] Unabhängig von der Art und Weise, wie und in welchem Umfang IT-Ressourcen von externen Anbietern bezogen werden, spielt der Aufbau einer leistungsstarken IT-Sicherheit im Unternehmen stets eine entscheidende Rolle. Vor dem Hintergrund, dass auf der einen Seite jeden Tag „Hunderttausende neuer Viren, Würmer und Trojaner" entstehen und die Angreifer auf der anderen Seite immer professioneller werden, stehen Unternehmen „ohne bedarfsgerechte Security (...) schnell vor existenziellen Problemen".[153]

[150] *Mertens* et al. (2017), S. 25, im Original teilweise hervorgehoben
[151] Vgl. *Mertens* et al. (2017), S. 25
[152] Vgl. *Strecker/Kellermann* (2016), S. 86
[153] *Strecker/Kellermann* (2016), S. 84

Literaturverzeichnis

Abolhassan, F. (2016a), Digitalisierung als Ziel – Cloud als Motor. In: *Abolhassan, F.* (Hrsg.), Was treibt die Digitalisierung? Warum an der Cloud kein Weg vorbeiführt, Wiesbaden, S. 15–26.

Abolhassan, F. (2016b), Fazit und Ausblick. In: *Abolhassan, F.* (Hrsg.), Was treibt die Digitalisierung? Warum an der Cloud kein Weg vorbeiführt, Wiesbaden, S. 149–152.

Andenmatten, M. (2022), AIOps – Artificial Intelligence für IT-Operations. In: *Fröschle, H.-P./Oestereich, R./Schmidt, N.* (Hrsg.), IT-Operations in der Transformation. Zukunftsweisende IT-Betriebsmodelle zwischen „Hey Joe" und „NoOps", Wiesbaden, S. 289–302.

Barton, T. (2020), Cloud Computing/Anything as a Service (XaaS). In: *Lang, M./Müller, M.* (Hrsg.), Von Augmented Reality bis KI. Die wichtigsten IT-Themen, die Sie für Ihr Unternehmen kennen müssen, München, S. 27–40.

Bleiber, R. (2020), Digitale Geschäftsmodelle. Neue Potenziale in kleinen und mittleren Unternehmen erkennen und erfolgreich umsetzen, Freiburg, München, Stuttgart.

Brassel, S./Gadatsch, A. (2018), Softwarenutzung im Umbruch: Von der Software-Lizenz zum Cloudbasierten Business Process Outsourcing. In: *Reinheimer, S.* (Hrsg.), Cloud Computing. Die Infrastruktur der Digitalisierung, Wiesbaden, S. 21–29.

Châlons, C./Dufft, N. (2016), Die Rolle der IT als Enabler für Digitalisierung. In: *Abolhassan, F.* (Hrsg.), Was treibt die Digitalisierung? Warum an der Cloud kein Weg vorbeiführt, Wiesbaden, S. 27–37.

Farwick, M./Schmidt, T./Trojer, T. (2020), Cloud Computing. In: *Tiemeyer, E.* (Hrsg.), Handbuch IT-Management. Konzepte, Methoden, Lösungen und Arbeitshilfen für die Praxis, 7. Aufl., München, S. 311–346.

Frank, R./Schumacher, G./Tamm, A. (2019), Cloud-Transformation. Wie die Public Cloud Unternehmen verändert, Wiesbaden.

Heinemann, G. (2022), Der neue Online-Handel. Geschäftsmodelle, Geschäftssysteme und Benchmarks im E-Commerce, 13. Aufl., Wiesbaden.

Heininger, R./Böhm, M./Krcmar, H. (2022), Intermediäre zur Bewältigung von Heterogenität in IT-Servicewertschöpfungsnetzwerken. In: *Fröschle, H.-P./Oestereich, R./Schmidt, N.* (Hrsg.), IT-Operations in der Transformation. Zukunftsweisende IT-Betriebsmodelle zwischen „Hey Joe" und „NoOps", Wiesbaden, S. 141–159.

Hentschel, R./Leyh, C. (2018), Cloud Computing: Status quo, aktuelle Entwicklungen und Herausforderungen. In: *Reinheimer, S.* (Hrsg.), Cloud Computing. Die Infrastruktur der Digitalisierung, Wiesbaden, S. 3–20.

Hoffmeister, C. (2022), Digital Business Modelling. Digitale Geschäftsmodelle verstehen, designen, bewerten, 3. Aufl., München.

Könsgen, R./Schaarschmidt, M. (2018), Key Performance Indicators für Software as a Service. In: *Reinheimer, S.* (Hrsg.), Cloud Computing. Die Infrastruktur der Digitalisierung, Wiesbaden, S. 31–42.

Kratzke, N. (2022), Cloud-native Computing. Software Engineering von Diensten und Applikationen für die Cloud, München.

Leimeister, J. M. (2021), Einführung in die Wirtschaftsinformatik, 13. Aufl., Berlin.

Lindner, D./Niebler, P./Wenzel, M. (2020), Der Weg in die Cloud. Ein Leitfaden für Unternehmer und Entscheider, Wiesbaden.

Mertens, P./Bodendorf, F./König, W./Schumann, M./Hess, T./Buxmann, P. (2017), Grundzüge der Wirtschaftsinformatik, 12. Aufl., Berlin.

Mühleck, K. H. (2016), Harmonisierung und Standardisierung durch die Cloud. In: *Abolhassan, F.* (Hrsg.), Was treibt die Digitalisierung? Warum an der Cloud kein Weg vorbeiführt, Wiesbaden, S. 129–139.

Riedl, H./Printing, C. (2019), Digitalisierung im Filialsystem, Wiesbaden.

Schallmo, D. R. A./Rusnjak, A. (2021), Roadmap zur Digitalen Transformation von Geschäftsmodellen. In: *Schallmo, D./Rusnjak, A./Anzengruber, J./Werani, T./Lang, K.* (Hrsg.), Digitale Transformation von Geschäftsmodellen. Grundlagen, Instrumente und Best Practices, 2. Aufl., Wiesbaden, S. 1–36.

Scheer, A.-W. (2016), Thesen zur Digitalisierung. In: *Abolhassan, F.* (Hrsg.), Was treibt die Digitalisierung? Warum an der Cloud kein Weg vorbeiführt, Wiesbaden, S. 49–61.

Schweer, D./Sahl, J. C. (2016), Die digitale Transformation der Industrie – wie Deutschland profitiert. In: *Abolhassan, F.* (Hrsg.), Was treibt die Digitalisierung? Warum an der Cloud kein Weg vorbeiführt, Wiesbaden, S. 39–48.

Sommerville, I. (2018), Software Engineering, 10. Aufl., Hallbergmoos.

Strecker, F./Kellermann, J. (2016), Die Cloud in der Praxis. In: *Abolhassan, F.* (Hrsg.), Was treibt die Digitalisierung? Warum an der Cloud kein Weg vorbeiführt, Wiesbaden, S. 75–89.

Teague, A. (2016), Ohne Qualität keine Innovation. In: *Abolhassan, F.* (Hrsg.), Was treibt die Digitalisierung? Warum an der Cloud kein Weg vorbeiführt, Wiesbaden, S. 91–101.

Internetquellenverzeichnis

Adobe Systems Software Ireland Limited (o. J.a), Abos und Preise für die Desktop-Programme, Mobile Apps und Services von Creative Cloud. Agenturen und KMUs, https://www.adobe.com/de/creativecloud/plans.html, abgerufen am 29. 01. 2023.

Adobe Systems Software Ireland Limited (o. J.b), Adobe Creative Cloud - Erstellen. Gestalten. Für jedes Kreativprojekt., https://www.adobe.com/de/creativecloud.html, abgerufen am 16. 01. 2023.

Adobe Systems Software Ireland Limited (o. J.c), Adobe Creative Cloud - Superkräfte für die Zusammenarbeit., https://www.adobe.com/de/creativecloud/collaboration.html, abgerufen am 29. 01. 2023.

Bundesamt für Sicherheit in der Informationstechnik (o. J.), Cloud Computing Grundlagen. Was ist Cloud Computing?, https://www.bsi.bund.de/DE/Themen/Unternehmen-und-Organisationen/Informationen-und-Empfehlungen/Empfehlungen-nach-Angriffszielen/Cloud-Computing/Grundlagen/grundlagen.html, abgerufen am 06. 01. 2023.

Fiege, W.-D. (2022), Das beste Hosting für Ihren Online-Shop: Darauf sollten Sie achten, https://www.hosteurope.de/blog/das-beste-hosting-fuer-ihren-online-shop-darauf-sollten-sie-achten/, abgerufen am 29. 01. 2023.

Host Europe GmbH (o. J.), Online-Shop: Ihr eigener Shop – schnell und einfach, https://www.hosteurope.de/online-shop-erstellen/, abgerufen am 29. 01. 2023.

KPMG AG Wirtschaftsprüfungsgesellschaft (2022a), Cloud-Monitor 2022. Ausgabe SAP S/4HANA, https://hub.kpmg.de/hubfs/LandingPages-PDF/Cloud-Monitor-Ausgabe%20SAP%20S4_HANA_sec_sdc_v3.pdf?utm_campaign=Cloud-Monitor%202022&utm_medium=email&_hsmi=211412069&_hsenc=p2ANqtz-8r8a8v5Xq5Lomd-rLqDSMH1w5b-7iT4YlXJVr9ZZfsrX2bkPZzTUtpU_f0b3HIx8w1V--f4Em296kk7mBbHll2R7kxLA&utm_content=211412069&utm_source=hs_automation, abgerufen am 28. 01. 2023.

KPMG AG Wirtschaftsprüfungsgesellschaft (2022b), Cloud-Monitor 2022. Das Potenzial von der Kosteneffizienz bis zur Energieeffizienz, https://hub.kpmg.de/hubfs/LandingPages-PDF/cloud-monitor-2022_sec.pdf?utm_campaign=Cloud-Monitor%202022&utm_medium=email&_hsmi=211411921&_hsenc=p2ANqtz--wer93yYeQI_r2LI_Zw9szZ5UwML6J7fFMJlgM3GqRpePkAHIRAVvTO0aLv9vwTyLdEYwpko4GCUuG8ZDM4MCvovOmTw&utm_content=211411921&utm_source=hs_automation, abgerufen am 28. 01. 2023.

Lexware.de (o. J.a), Datenschutz und Datensicherheit. Maximale Sicherheit auf Bankenniveau, https://www.lexoffice.de/steuerberater/vorteile/datenschutz-datensicherheit/, abgerufen am 29. 01. 2023.

Lexware.de (o. J.b), lexoffice Preise und Versionen, https://www.lexoffice.de/preise/, abgerufen am 29. 01. 2023.

Microsoft Corporation (o. J.), Office wird zu Microsoft 365, https://www.microsoft.com/de-de/microsoft-365?rtc=1, abgerufen am 11. 01. 2023.

Statista GmbH (2022), Software-as-a-Service - Deutschland, https://de.statista.com/outlook/tmo/public-cloud/software-as-a-service/deutschland, abgerufen am 17. 01. 2023.

Statista Research Department (2022), Statistiken zu Software-as-a-Service, https://de.statista.com/themen/6611/software-as-a-service/, abgerufen am 10. 01. 2023.

BEI GRIN MACHT SICH IHR WISSEN BEZAHLT

- Wir veröffentlichen Ihre Hausarbeit,
  Bachelor- und Masterarbeit

- Ihr eigenes eBook und Buch -
  weltweit in allen wichtigen Shops

- Verdienen Sie an jedem Verkauf

Jetzt bei www.GRIN.com hochladen und kostenlos publizieren